AF262477

LA
POLOGNE

DEVANT

LES CHAMBRES

PARIS

IMPRIMERIE DE L. TINTERLIN ET Cᵉ

Rue Neuve-des-Bons-Enfants, 3.

LA POLOGNE

DEVANT

LES CHAMBRES

PAR

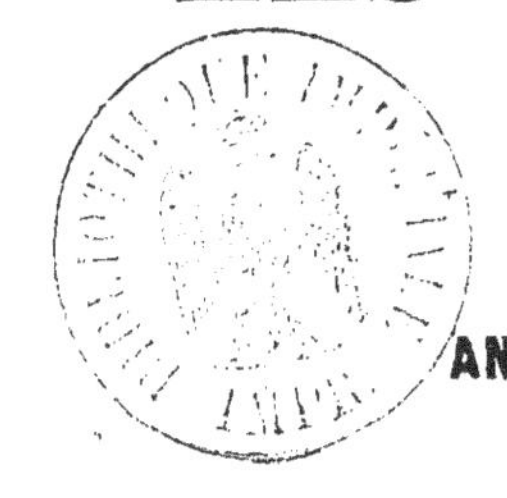

ANATOLE DE LA FORGE

PARIS

E. DENTU, LIBRAIRE-ÉDITEUR

PALAIS-ROYAL, 17 ET 19, GALERIE D'ORLÉANS.

1863

« La Pologne, que vous voyez en lambeaux et sanglante,
muette, sans pouls ni souffle, *elle vit.... et elle vit de plus
en plus;* toute sa vie, retirée de ses membres, portée à la
tête et au cœur, n'en est que plus puissante. »

J. MICHELET (*la Pologne martyre*).

« Si la France actuelle se déclarait incapable de faire
la guerre pour autre chose que des provinces à annexer
ou des créances à récupérer; si la civilisation moderne
qui a supprimé la torture, la hideuse torture des indivi-
dus accusés ou coupables, se montrait hors d'état de dé-
rober toute une nation innocente, vingt millions d'hommes
et de femmes, à la torture permanente ou périodique; si
tout finissait par là... je ne puis ni ne veux dire quel serait l'arrêt de l'histoire et ce qu'en déciderait dans l'avenir la conscience du genre humain. Elle s'en prendrait
bien moins au pouvoir qu'à la froideur, à l'indifférence
publique, à l'insouciance frivole et pusillanime d'un pays
énervé, affaissé, incapable soit d'opposer une résistance
sérieuse, soit d'imprimer une impulsion énergique à ceux
qui ont le redoutable honneur d'être chargés de ses des-
tins. »

M. LE COMTE DE MONTALEMBERT (*l'Insurrection
Polonaise*).

LA POLOGNE

DEVANT LES CHAMBRES

I

Il y a neuf mois, au lendemain de l'insurrection provoquée
à Varsovie par une horrible proscription froidement calculée
et déguisée sous le nom menteur de *recrutement*, un ministre
qui vient de mourir, M. Billault, faisait à la Chambre des
Députés (1) la déclaration suivante : « Le gouvernement de
« l'Empereur est trop sensé pour donner, par de vaines paroles,
« un aliment trompeur à des *passions insurrectionnelles*, et il
« est trop jaloux de sa dignité, de celle de la France, pour
« laisser répéter pendant quinze ans des paroles inutiles et des
« protestations vaines. » (Très-bien ! très-bien !) Ces paroles,
Dieu merci, ont été démenties par les événements, et il paraît
que, de l'avis même du gouvernement impérial, *les passions
insurrectionnelles* sont devenues la légitime revendication du
droit à l'existence nationale, puisque M. Drouyn de Lhuys a
publiquement exprimé, dans des documents appartenant désormais à l'histoire contemporaine, la sympathie officielle du
gouvernement français. Celle du pays était acquise depuis long-
temps à la cause polonaise. On a pu en juger par toutes les
manifestations produites d'un bout à l'autre de la France.

(1) Séance du 6 février 1863.

7

Le gouvernement français n'a point encore traduit en faits l'intérêt qu'il porte en paroles à la Pologne. Il avait débuté par signaler à la Russie « l'impuissance des combinaisons « imaginées jusqu'ici pour réconcilier la Pologne avec la si- « tuation qui lui a été faite (1). »

Plus loin, dans la même dépêche, le ministre des affaires étrangères de l'Empereur ajoutait : « Le cabinet de Saint- « Pétersbourg comprendra sans doute lui-même les dangers « des convulsions périodiques qui agitent la Pologne, et il re- « connaîtra l'opportunité d'aviser au moyen d'y mettre un « terme en replaçant les provinces polonaises soumises à la « Russie dans les conditions d'une paix durable. »

Quant aux traités de 1815 ils ne furent pas même invoqués. L'Angleterre seule eut l'imprudence d'en parler et elle s'exposa ainsi aux dissertations captieuses du prince Gortschakoff. La Russie, tout en équivoquant sur les mots selon son habitude, accepta cependant la discussion, voire même les remontrances amicales qu'*elle ne croyait pas avoir méritées.*

Plus tard ce terrain neutre fut abandonné. Une sorte d'entente, qui n'avait rien de l'entente cordiale, s'établit entre l'Autriche, l'Angleterre et la France. Elles formulèrent dans des notes expédiées séparément, le 6 juin dernier, le fameux programme des six points aujourd'hui perdus, pour la moins grande gloire de la diplomatie.

« L'autonomie de la Pologne, disait au Corps Législatif Son Exc. M. Billault, aura plus à attendre des *sentiments généreux et libéraux de l'empereur Alexandre II,* que d'une tentative insurrectionnelle dont les efforts ne peuvent appeler que de nouveaux désastres sur ce malheureux pays ! » Dieu nous garde d'écrire une seule ligne qui puisse ressembler à un oubli du respect envers un homme dont la tombe est à peine refermée ;

(1) A M. le duc de Montebello, ambassadeur de France près la cour de Russie.

mais l'histoire a un droit d'examen que nul deuil, si récent qu'il soit, ne peut abolir, et les paroles d'un ministre devant les Chambres appartiennent à l'opinion. Aussi croyons-nous pouvoir remettre celles-ci sous les yeux de son successeur, M. Rouher, afin de lui demander s'il pense, comme M. Billault, que la Pologne ait plus *à attendre des sentiments généreux et libéraux* de l'Empereur de Russie que d'une tentative insurrectionnelle?

Nous ignorons sur quelle base le nouveau ministre-orateur va placer la discussion de la question polonaise à l'ouverture de la session. Toutefois, il nous paraît impossible que le gouvernement impérial en reste aux recours en grâce du ministre défunt en ce qui concerne l'avenir de la Pologne!

Voilà dix mois que cette nation en deuil est *une nation en flammes et en sang*, selon l'éloquente expression de M. le comte de Montalembert. On nous permettra au moins de croire que la seule durée de la lutte lui crée enfin des titres aux yeux de nos hommes d'État.

Après l'insuccès de la tentative des six points, le prince Gortschakoff rappela, dans une dépêche à M. Drouyn de Lhuys, la part prise par la Russie à nos désastres de 1812 et aux traités de 1815. Nous verrons bien si c'était une simple appréciation historique ou une menace à la France. Toujours est-il que, à ce moment, comme réponse unique au diplomate russe, le *Moniteur* insérait la belle lettre du gouvernement national de Pologne à son digne représentant à Paris, M. le prince Czartoryski. Ce fait, en dehors des us et coutumes de la routine administrative du département des affaires étrangères, n'a-t-il donc aucune signification politique, et ne devons-nous pas voir là le symptôme d'un revirement favorable du gouvernement français pour les intérêts d'un peuple qui nous est uni par les liens les plus intimes et les plus sacrés?

II

Les faits ont une éloquence qu'aucune parole humaine ne saurait égaler.

Quand les gens de cœur de tous les partis s'indignaient en France et dans l'Europe entière, de la compression à outrance, des massacres effroyables, de l'incendie, des vols et des viols de l'armée russe s'acharnant en vain à dénationaliser la Pologne, les politiques timides répondaient : Oui, sans doute au point de vue sentimental, les gens de cœur ont raison de flétrir les excès déshonorants commis sur une nation de héros et de martyrs, sur une nation sœur de la nôtre et comme la nôtre éprise de la justice et de la gloire; mais la France n'est pas obligée de se constituer la gardienne de l'indépendance des peuples qui sont liés par des traités formant encore le fond du droit public européen. Les traités de 1815 sont mauvais, immoraux, compromettants pour la paix générale, nous en convenons; tout le monde, même les parties intéressées, tombent d'accord sur ce point. Tout cela est exact, vrai, évident ; néanmoins les traités existent. On les invoque, nous devons les respecter ! Ceci se disait bien haut et s'écrivait dans tous les journaux officieux de France et d'Angleterre il y a deux mois.

Or voici que dernièrement, un beau jour, lord John Russell annonce aux convives du banquet de Blairgowrie « que les « conditions qui sont contenues dans le traité de Vienne, et « en vertu desquelles la Russie a obtenu le royaume de Polo- « gne, n'ont pas été remplies, et que sans les conditions de « l'engagement, le titre lui-même peut difficilement être

« maintenu. » Ce mot n'est pas le dernier ni le plus curieux des péripéties de la question Polonaise.

M. le prince Gortschakoff à son tour affirme que les traités de 1815 ne sont pour rien dans la réunion de la Pologne à l'empire russe, et que cette réunion est purement et simplement le produit de la conquête !

De telle sorte que, après dix mois d'échanges de dépêches inutiles, de luttes acharnées, le dialogue diplomatique qui s'est établi entre les quatre grandes puissances occidentales, doit être considéré comme un nouveau dialogue des morts.

Quoi ! tant de prose employée en pure perte, dans les chancelleries européennes, tant d'efforts infructueux n'aboutiraient-ils qu'à nous rendre ridicules et plus tard odieux ? Qu'on fasse bon marché de notre amour-propre national, c'est un tort ; mais qu'on fasse bon marché du sang versé, ce serait un crime. Le gouvernement français ne le commettra pas. Il doit reconnaître d'abord les Polonais comme belligérants. Ce qu'il a fait pour l'Amérique du Sud en guerre civile avec le Nord, il ne saurait refuser de le faire en faveur d'une nation qui a toujours tenu à honneur de partager la mauvaise fortune de la France.

Qu'opposerait-on à cette demande ? l'état insurrectionnel de la Pologne peut-être ? Soit. — Toutefois nous ne pouvons pas oublier que cet état insurrectionnel, légitimé moralement par le monde civilisé, a été de plus diplomatiquement reconnu et approuvé.

M. Drouyn de l'Huys, ministre des affaires étrangères, n'a-t-il pas lui-même accordé une sanction officielle aux combattants de la Pologne, le jour où il a écrit ces lignes mémorables : « Le soulèvement dont nous avons le spectacle a été provoqué par un massacre qui, dans l'état des esprits, ne pouvait manquer d'avoir les plus fâcheuses conséquences. La Pologne y a répondu en faisant appel non aux passions révolutionnaires, mais à ce qu'il y a de plus élevé dans le cœur des hommes, aux idées de justice, de patrie et de religion. N'est-ce pas un fait d'une notoriété incontestable que la nation polonaise tout entière, chacun et chaque classe selon ses moyens, activement ou passivement selon les lieux et les circonstances, est acquise à l'insurrection ? »

Eh bien ! je le demande à tous les hommes sensés, est-ce que ne voilà pas la reconnaissance la mieux méritée du titre de belligérants, accordé aux insurgés polonais ? Le gouvernement français, au nom duquel un ministre des relations extérieures a parlé ainsi, peut-il refuser de ratifier l'engagement pris par M. Drouyn de l'Huys ? Personne n'oserait soutenir cela dans une Chambre de députés français.

Que faut-il ajouter encore pour prouver que, à la place de la lettre morte de traités, déchirés, reniés, bafoués, il est temps d'appliquer l'esprit de la loi morale qui doit gouverner le monde ? Cette loi impose, non aux trois puissances, car leur accord est impossible ; mais à la France, initiatrice sincère de toutes les libertés, l'obligation sacrée d'aller au secours de la Pologne, et cela sous le plus bref délai.

Les prétextes abondent. C'est comme à plaisir que la Russie semble amasser sur elle toutes les haines, toutes les colères, toutes les indignations généreuses. L'annexion forcée à l'empire du Czar des quatre cercles du palatinat d'Augustowo constitue non-seulement une nouvelle et audacieuse violation du droit international ; mais encore elle crée un danger nouveau pour l'Allemagne et pour l'Europe, par l'établissement de la Russie en deçà du Niémen. Cette mesure, prise en vue de fortifier le gouvernement de Vilna, coupe toutes les communications du royaume de Pologne avec la Lithuanie. Sous le rapport stratégique, c'est très-habile ; sous le rapport politique, c'est très-maladroit, attendu que ce défi aux puissances a réveillé les sympathies du peuple allemand en faveur des insurgés.

Si on laissait faire le cabinet de Saint-Pétersbourg, au train dont il marche il ne s'agirait bientôt plus de *russifier* la Pologne ; mais l'Europe entière.

Un éminent écrivain a donc pu dire avec raison (1) : « La Russie aujourd'hui apparaît tout à la fois moralement déchue de son titre de gouvernement régulier en Pologne, — condamnée par sa propre impuissance autant que par la nature de sa politique, — diplomatiquement déchue aussi par la conscience irrésistible de la violation de tous les droits, et de ce refus dédaigneux par lequel la domination russe constate elle-même l'incompatibilité de sa situation et d'un ordre régulier en Europe. » Voilà la vérité vraie ; car, si nous résumons les diverses phases de la redoutable crise qui tient la diplomatie en échec depuis dix mois, que voyons-nous? La vieille tactique de la diplomatie russe tenant tête avec une science incontestable aux inspirations plus ou moins heureuses des gouvernements de France, d'Angleterre et d'Autriche, momentanément unis dans la pensée louable d'arrêter l'effusion du sang polonais. Au fond, il est bien évident que l'insurrection en elle-même inquiétait moins le Czar que l'intervention morale des grandes puissances. Dans ce duel inégal, le cabinet de Saint-Pétersbourg comprit à merveille le principal danger de sa situation, l'isolement politique.

Ce fut alors surtout que le prince Gortschakoff se montra à la hauteur des grandes traditions moscovites, et développa aux regards de l'Europe attentive une politique nuancée avec un art merveilleux et superbe, selon les degrés de la température et les changements atmosphériques. C'est ce qu'on pourrait appeler la politique des quatre saisons, comme vous allez voir. Conciliant au printemps, à l'époque où il suffisait d'une dépêche un peu vive pour faire arriver un corps d'armée en

____

(1) M. Charles de Mazade. (*Revue des Deux-Mondes.*)

Pologne, le gouvernement russe devint plus exigeant en été. La chaleur excessive même dans ces contrées du Nord diminuait les chances d'un secours prompt à envoyer aux insurgés. Il croyait même se montrer assez bon prince en permettant à l'Europe d'interpréter les traités de 1815, au point de vue des idées actuelles. Toutefois, il joignait à cette insigne faveur le correctif suivant : « L'exercice de ce droit d'examen ne peut aboutir à « aucun résultat pratique, la Russie se réservant à elle-même « le soin de fixer la limite de ses engagements (1). » On conviendra qu'il était difficile de couper court plus cavalièrement aux discussions diplomatiques. L'automne arrivé, le Czar n'ayant pas grand'chose à craindre d'une intervention, crut pouvoir se dispenser de tout ménagement. A quoi bon en garder? Le danger pour lui était ajourné. On propose la réunion d'une conférence européenne, aussitôt la Russie répond à cet honnête projet en commençant par évincer l'Angleterre et la France, délicat procédé. Heureusement, l'Autriche eut peur des politesses du cabinet de Saint-Pétersbourg. De cette façon avorta le contre-projet habile du prince Gortschakoff, cherchant à opposer la ligue des trois puissances co-partageantes de la Pologne à la timide initiative des gouvernements débonnaires de France et d'Angleterre. Ce ne fut pas tout. On vint à parler d'une suspension d'armes, la Russie déclara n'en admettre d'autre que celle que *solliciteraient* les Polonais après leur soumission absolue. Enfin l'hiver commence, et, par conséquent, l'abandon de la Pologne est assuré au moins pour six mois. Juste le temps demandé par le prince Gortschakoff (2) *pour la réduire en un monceaux de cendres.* Alors les cruautés redoublent. Mourawieff, de Berg et Annenkoff se partagent les rôles d'une extrémité à l'autre des provinces

---

(1) Dépêche du prince Gortchakoff.
(2) Réponse de ce grand seigneur au comte Zamoyski.

révoltées. Bientôt, grâce aux actes de cette trinité féroce, la
sainte Russie rentre dans la plénitude de ses instincts tartares.
Elle brûle, elle pend, elle massacre. Le pillage et le viol servent d'encouragements aux dignes soldats de ces généraux
célèbres ; puis on frappe une médaille commémorative de ces
exploits et on la distribue à l'armée russe reconnaissante et
flattée. La Pologne, selon l'énergique expression d'un séna-
teur, M. le général Husson (1), est encore une fois transformée
en abattoir humain.

Telle a été la politique des quatre saisons suivie par la
Russie.

III

Un peu honteuse à la longue de la prolongation de son atti-
tude expectante en face de ces excès de cruauté, la diplomatie
européenne prend enfin son courage à deux mains et tente un
magnanime effort : elle parle de responsabilité au cabinet de
Saint-Pétersbourg. Le prince Gortschakoff, sans s'émouvoir,
riposte par cette déclaration insolite : « La prolongation du débat
« sur la question polonaise est désormais inutile, attendu que
« la Russie accepte volontiers la responsabilité pleine et entière
« de sa politique. » On croit rêver en lisant ces paroles offi-
cielles du gouvernement moscovite. Il faut de la complaisance
pour n'y pas voir l'équivalent d'un décret d'abrogation virtuelle
du droit public, audacieusement jeté à l'Europe comme un
dernier et outrageant défi. Le subirons-nous encore, celui-là,
sans autre protestation que le dédain en ce qui nous concerne
et des vœux stériles pour la Pologne ? Ah ! ce n'est pas de cet

(1) Discours au Sénat.

amour platonique, avec des velléités diplomatiques et des sympathies impuissantes, que la France de la vieille monarchie et de la république aimait les peuples. La France du dix-neuvième siècle veut-elle déchoir? Serait-ce en s'inclinant à la façon des chambellans réprimandés qu'elle maintiendra son rang dans le monde civilisé? Au fur et à mesure que l'Europe s'émeut de la conduite inhumaine de la Russie, cette puissance semble prendre à tâche de lasser toute longanimité. Ne vient-elle pas de mettre le comble à ses hautes-œuvres par la publication du rescrit impérial (1) qui supprime la langue polonaise et la remplace par la langue russe dans toutes les administrations, dans les actes publics et officiels? Ainsi désormais la langue russe restera la seule employée dans l'exercice de la justice en Pologne. Or, la justice à la russe! chacun sait ce que cela signifie. On avait déjà la chose, on aura le mot maintenant. A l'avenir, ce sera au nom du droit et en russe qu'on expédiera la sentence des patriotes appelés à mourir sous le knout!

Est-ce assez d'iniquités commises? Nous le demandons aux rares défenseurs de la politique moscovite et aux partisans plus nombreux de la paix quand même?

La France ne saurait se traîner à la suite des puissances qui ne calculent que le côté matériel des questions. L'inaction de la Grande-Bretagne après ses excitations, ses menaces, ses dénonciations contre la Russie; cette inaction est le dernier degré de l'aplatissement. L'empereur Alexandre sait, du reste, fort bien à quel gouvernement il a affaire; en voici la preuve. Le cabinet de Londres, désireux de sauver les apparences de sa politique pusillanime aux yeux de l'Europe, élabore une dépêche qu'il n'envoie pas, mais dans laquelle il est question du *droit des insurgés*. L'ambassadeur de Russie a vent de

______

(1) En date du 6 octobre 1863.

la chose; il va trouver lord John Russell et le menace de la
rupture immédiate des relations diplomatiques, si l'Angleterre
ose reconnaître aux Polonais la qualité de belligérants. Devant
cette déclaration préventive, que fait le gouvernement de la
reine Victoria? Il se hâte de prendre l'engagement de ne rien
reconnaître du tout, en criant à qui veut l'entendre : « Que le
« cabinet de Saint-James ne transformera jamais une question
« de droit en une question de fait, la question polonaise en
« une question de guerre. » C'est ainsi que, de reculade en
reculade, les ministres de la prudente Albion laissent tomber
dans la boue de Londres le drapeau menacé de la libre Angleterre. Quant aux éclats sincères de l'indignation populaire, ils
sont étouffés par le respect qu'inspire à nos voisins d'outre-
Manche les décisions de l'autorité. Il en fut de même à la veille
de la guerre de l'indépendance italienne : alors comme aujourd'hui, après avoir ardemment poussé à la lutte, le gouvernement de la reine Victoria s'abstint; et cependant, on ne
saurait refuser aux Anglais l'élévation du caractère. Nous
savons l'accueil flétrissant que fait ce peuple aux valets et
bourreaux politiques, qu'ils soient Autrichiens, comme Hay-
nau, ou Russes, comme Mourawieff et de Berg. N'importe, le
cabinet britannique n'y fait pas attention : il ne lui paraît pas
sage d'attacher une grande importance à ces manifestations de
l'esprit public, encore moins de les prendre pour guide dans
l'administration des affaires de l'État.

IV

La Russie nous défie par ses paroles. Elle nous défie
également par ses actes en ne tenant aucun compte des

observations dictées par un sentiment d'humanité et de stricte justice. La Russie raille le caractère chevaleresque de la France intervenant moralement pour empêcher la consommation du plus grand crime des temps modernes, *l'apaisement de la Pologne!* c'est-à-dire sa destruction. Eh bien! l'heure est venue, enfin, d'intervenir militairement. Il faut réparer notre échec diplomatique les armes à la main. Il faut faire la guerre vraiment désintéressée, la guerre légitime, n'atteindre que les Russes. « C'est ce désintéressement qui doit « rester le caractère exclusif de notre intervention en Pologne. « Malheur à nous! si, en descendant dans la lice, la France « pouvait être soupçonnée d'une ambition conquérante, d'une « arrière-pensée égoïste! Rêver pour elle des *compensations,* « c'est-à-dire des annexions sur le Rhin ou sur la Meuse, ce « serait porter un coup fatal à la cause polonaise, ce serait « précisément outrager le principe de nationalité que nous « devons invoquer et défendre en Pologne. » Nous sommes de l'avis de M. le comte de Montalembert, car c'est lui qui parle ainsi. En dépit des conseils intéressés, la France doit repousser les immorales tentations de la conquête en allant les combattre chez les autres; elle doit mettre d'accord son génie avec son devoir. Pour atteindre ce but, elle n'a qu'à suivre naturellement l'instinct populaire. Il demande qu'on délivre la Pologne sans confisquer la liberté d'aucun peuple, pas même celle que la Russie pourra un jour acquérir, non sur le papier, comme la fameuse émancipation des serfs, dont on a fait honneur à l'empereur Alexandre II, mais bien l'affranchissement réel, passé de l'ukase dans la pratique.

S'il est exact, ainsi que le disait récemment S. Exc. M. Baroche sur la tombe de S. Exc. M. Billault, à propos des discussions de la dernière session du Corps législatif où la parole de l'orateur défunt jetait un si vif éclat, s'il est exact d'affirmer que dans les questions extérieures « *jamais plus grande politique n'a été plus puissamment défendue,* » il convient d'avouer que cette *grande politique* laisse encore beaucoup à désirer et qu'elle ressemble un peu trop jusqu'à présent à la petite politique que le même M. Baroche stigmatisait, il y a quinze ans, lorsqu'il se vantait d'avoir *devancé la justice du peuple.* » La situation s'est considérablement aggravée depuis le moment où S. Exc. M. Billault traçait le programme de la conduite réservée du gouvernement français dans la question polonaise. Il nous paraît difficile qu'on ne veuille pas convenir du changement opéré. Et je doute, qu'à l'heure qu'il est, nos rapports avec la Russie soient ce qu'ils étaient en mars et en avril dernier.

La lutte diplomatique a dû laisser de chaque côté des impressions vives, pénibles même, si l'on s'en rapporte au ton des dépêches échangées entre le prince Gortschakoff et M. Drouyn de Lhuys. De plus, l'opinion publique en France comme en Russie, a été surexcitée et a pris fait et cause pour son drapeau. Le clergé moscovite, par ses prédications fanatiques, nous a rendu le service de délier la langue du Pape. A sa suite et après son exemple, les prêtres, chez nous, ont parlé et prié pour la Pologne. Le mouvement dans ce sens, qui n'avait d'abord eu en sa faveur que les membres les plus indépendants du clergé, est devenu général.

Dans toutes les classes de la société, en France, et surtout dans les rangs de la classe ouvrière, si généreuse et si sympathique aux souffrances imméritées, le sentiment public s'est énergiquement prononcé contre la Russie. Aux Chambres donc appartiendra l'honneur de donner satisfaction à la conscience universelle. Le feront-elles en votant la guerre? A croire *le Constitutionnel,* nous en douterions, si la même majorité qui a voté la guerre du Mexique ne se retrouvait pas presque tout entière sur les bancs du Palais-Bourbon. Il nous paraît difficile que les députés favorables à l'expédition faite pour placer un archiduc d'Autriche sur le trône de Montézuma, refusent à la Pologne le secours qu'ils ont accordé aux prières d'Almonte et de Marquez ! Le sang des martyrs de la Vistule vaut bien les fleurs et les couronnes que les femmes de Mexico jettent à nos soldats, en attendant que ces couronnes et ces fleurs, si chèrement payées, se changent en coups de fusil contre l'intervention française.

Que dirait-on de nous allant renverser le gouvernement de Juarez au profit d'un parti et laissant exterminer une nation envers laquelle nous avons contracté une dette sacrée, celle du sang versé en commun sur tous les champs de bataille de l'Europe?

Ce qu'on a fait pour les ultramontains, ayant à leur tête Mgr Labastida et le nonce du Pape, ne croit-on pas devoir le faire pour cinq millons de Polonais persécutés, aussi catholiques et plus intéressants, on en conviendra sans peine, que les réactionnaires du nouveau continent, où nous avons la prétention, peut-être exagérée, de porter « *la paix, l'ordre et la civilisation.* »

L'expédition du Mexique nous a déjà coûté deux cent trente millions, l'intervention en Pologne n'en coûterait pas autant, et nous prions MM. les membres du Corps législatif comme aussi MM. les sénateurs, de comparer les résultats de ces campagnes, l'une nous mêlant de gaieté de cœur à une guerre civile, l'autre nous élevant au-dessus des considérations intéressées pour donner à la France la gloire immortelle de préserver de la destruction l'héroïque nation qui « pendant mille ans, a « fait de son corps percé de mille traits le grand et solide bou- « levard de l'indépendance et de la civilisation euro- « péennes (1). »

Énoncer ces faits, c'est établir la nécessité de l'interven-

(1) **M.** de Montalembert.

tion militaire de la France en Pologne, où notre drapeau trico-
lore va centupler les forces des *légions du désespoir*, comme
s'appellent ces bandes de patriotes qui combattent depuis dix
mois contre cinq corps d'armées russes.

« Nous avons fait la guerre en Crimée pour une clef de
« chapelle ; nous l'avons faite en Italie pour une idée ; nous
« l'avons faite en Syrie pour une croyance ; en Chine pour
« l'humanité, en Cochinchine pour la civilisation ; au Mexique
« par curiosité, pour y découvrir la meilleure forme de gou-
« vernement ; nous avons cueilli partout une abondante mois-
« son de lauriers, sans compter la récolte qui pend encore sur
« pied à Mexico. Et quand la France trouve toutes ces causes
« de guerre réunies à la fois dans la question polonaise, elle
« pourrait hésiter ? qui l'arrête ? le danger ? ce n'est pas un
« argument français (1). »

Nous attendons avec confiance l'heure de la discussion
publique ; la cause du droit et de la liberté comptera désormais
dans l'enceinte parlementaire assez de fermes interprètes pour
que nous ne doutions pas qu'on ne fasse justice des crimes de
lèse-humanité commis par la Russie.

V

Le *cri de douleur* de l'Italie a été entendu. Deux cent mille
soldats de notre vaillante armée ont porté naguère sur leurs
mains réunies au delà des Alpes, la liberté à la Péninsule. Or,
voici une autre nation aussi grande au moins et plus malheu-
reuse encore que l'Italie ne l'a jamais été ; cette nation person-

(1) E. Pelletan.

nifie tout ce que nous aimons, tout ce que nous estimons, tout ce que nous admirons le plus, le courage, la foi, le patriotisme. On la proscrit, on la pressure, on la torture, on l'outrage, on la tue. A cette guerre exterminatrice qu'oppose la Pologne ? — « Ses tronçons mutilés, qui, depuis quatre-vingts ans, ne veu- « lent ni mourir ni rester disjoints. (1) » La Pologne lutte sous l'œil invisible de son gouvernement national. Après les soldats, les prêtres, les femmes et les enfants descendent dans la mêlée, marchant tour à tour au devant de l'ennemi, et suc- combent en léguant à la Russie la haine héréditaire qu'ils ont recueillie eux-mêmes sur tous les champs de bataille de l'in- dépendance. Chaque volontaire qui meurt est aussitôt rem- placé par un autre volontaire, tous ont le mépris du danger et de la vie.

Les Polonais, sans avoir livré un seul grand combat, ont su cependant faire beaucoup de mal à l'armée moscovite, qu'ils harcèlent et surprennent en mille rencontres sur la lisière des bois et le bord des rivières ou des gués ; car dans cette lutte inégale, le moindre obstacle devient une fortification naturelle dont les insurgés tirent parti. Malheureusement, les plus su- blimes efforts finissent par rester infructueux contre les mas- ses énormes de troupes russes, sans cesse renouvelées, et l'ac- tivité prodigieuse du gouvernement national de Varsovie a besoin d'être aidée. L'héroïsme des patriotes ne faiblira pas ; mais ils seront tous massacrés jusqu'au dernier, si l'épée protectrice de la France ne s'étend pas sur cette poignée de héros.

Le cas est grave ; l'heure presse. Du triomphe ou de la dé- faite de la Pologne dépend la défaite ou le triomphe de la liberté en Europe. Il y a donc là un problème sanglant qui exige une prompte solution. Il est temps que l'on sorte de la

____

(1) Montalembert.

politique contemplative pour entrer dans la politique effective.

On a beaucoup parlé, et trop parlé dans les controverses oiseuses de la diplomatie, de l'action collective et de l'action isolée. Les déceptions de l'action collective, à laquelle nous n'avons jamais cru, ont été si manifestes qu'il ne serait pas même de bon goût de les rappeler ici aux inventeurs. La question est, par conséquent, jugée maintenant. La France n'a rien, absolument rien, à attendre des grandes puissances en tant que concours. L'accord avec elles pour faire la guerre, n'est pas possible. Elles n'ont d'ailleurs, il faut l'avouer, ni les mêmes idées ni les mêmes intérêts que nous à défendre. On dénature toute une situation en s'obstinant, mal à propos, à vouloir faire tenir à l'Autriche, par exemple, puissance co-partageante du démembrement de la Pologne, le langage qui devrait être celui de la France nouvelle, issue de la Révolution démocratique de 89, et aspirant à en répandre partout les principes et les franchises. Certes, je conviens qu'il eût été plus facile de faire la guerre à trois, surtout contre un ! mais les résultats n'eussent rien valu, et l'intervention d'une trinité Austro-Anglo-Française n'eût pas apporté aux Polonais, tant s'en faut, les mêmes avantages qu'ils retireront de l'intervention isolée et directe de la France ramenant la Russie au respect du droit des gens outrageusement violé par elle. Nous venons de dire que la France n'avait rien à espérer du concours des grandes puissances ; hâtons-nous d'ajouter aussi que la France n'a rien à craindre d'elles. Considération qui a son importance dans la solution militaire de la question Polonaise. A coup sûr, l'envie ne manquerait peut-être pas à la Prusse et même à l'Autriche, rivales et ennemies dans la Confédération Germanique disloquée, de se ranger avec la Russie contre la France, à l'occasion d'une guerre ayant pour cause l'émancipation d'un peuple dont la Russie, la Prusse et l'Autriche ont ensemble confisqué l'indépendance ; mais ces trois puissances ont chacune au flanc certaines blessures sai-

gnantes qui les tiennent divisées et les rendent prudentes
malgré elles. Nous voulons parler, pour l'Autriche d'abord, de la
Hongrie, de la Gallicie et de la Vénétie ; en ces derniers temps,
la diplomatie européenne, toujours ingénieuse, a voulu faire
jouer au cabinet de Vienne un rôle impossible, en lui deman-
dant d'intervenir pour les insurgés. Oppressive à Venise et à
Pesth, l'Autriche ne saurait être libératrice à Varsovie. Ce
double rôle n'entre ni dans ses projets, ni dans ses idées, ni
dans la nature de son génie politique. En outre, il faudrait,
afin d'être logique, qu'elle commençât par restituer à la Pologne la Gallicie, aux Hongrois la Hongrie, aux Italiens Venise
et le Quadrilatère. L'Autriche, qui s'est associée, en 1815, au
partage des nationalités, ne nous paraît pas encore si disposée
que cela à faire son examen de conscience et à rendre le bien
d'autrui dont elle s'accommode assez volontiers. Laissons donc
ce rêve pour ce qu'il vaut.

La Prusse, elle, a le grand-duché de Posen et les résultats
du congrès de Francfort qui l'inquiètent, sans compter les
embarras intérieurs et les conflits entre la chambre des Sei-
gneurs, la chambre des Députés, le pays, les ministres et le roi.

La Russie a d'abord à se défendre contre l'insurrection polonaise qui se développe de plus en plus, et se retranche solide-
ment chez elle afin de soutenir la campagne d'hiver. Le Czar
a ensuite le Caucase à maintenir et la Turquie à ménager.

Reste l'Angleterre, avec laquelle il faut toujours se tenir
sur ses gardes. Atteinte par la crise commerciale résultant de
la guerre civile d'Amérique, cette puissance, occupée d'autre
part à contenir les populations frémissantes de l'Inde, a tout
avantage à ne pas se mettre en lutte avec nous. Fidèle à sa
vieille politique marchande, le foreing-office pleure le coton
perdu en essayant d'en faire pousser d'autre. Il multiplie la
vente de l'opium et la construction de ses navires, et ne songe
nullement, même en fortifiant ses côtes, à venir attaquer les

nôtres. La sage Albion restera neutre; en attendant, elle n'aura jamais assez de meetings, de journaux, de correspondants, pour faire retentir le monde de ses témoignages de colère. Elle flétrira l'oppression. Elle dénoncera les abus de la force toujours et partout, sans parler de l'Irlande qu'elle condamne à l'obéissance et à la misère; et elle ne donnera jamais ni un shelling ni un matelot pour secourir le peuple le plus intéressant et le plus persécuté de la terre. L'Angleterre, en tant que puissance gouvernementale, n'a qu'une théorie, c'est celle qui consiste à s'acquitter envers l'humanité, le droit, la morale, avec la parole ou la plume. Dans la pensée intime de cette puissance, on ne doit défendre les armes à la main qu'une cargaison ou un traité de commerce. En conséquence, à moins d'une insulte faite au pavillon britannique ou à la majesté de la reine, l'Angleterre ne bougera ni pour la Pologne, ni pour la Vénétie, ni pour la Hongrie, ni contre la France, si la France entreprend la guerre en faveur de la nation insurgée. L'Angleterre ne dépassera pas la rhétorique dans ses cours de philanthropie politique. A son avis, un peuple opprimé a toutes les vertus, à peu près comme un académicien mort a tous les mérites aux yeux de son successeur. La manifestation souvent très-vive de la conscience anglaise en matière politique, n'implique nullement la pensée, encore moins l'obligation d'en poursuivre les conséquences par l'action armée. Si sincères que soient les explosions de colère ou d'enthousiasme de la Grande-Bretagne, et elles le sont toujours, il faut se garder d'en conclure que la guerre est au bout. En ce qui regarde la question polonaise, l'Angleterre ne verrait pas avec déplaisir l'abaissement de la puissance moscovite. Sous le rapport maritime, la navigation libre du commerce dans la Baltique et la mer Noire lui agréerait assez, si elle ne devait point l'acquérir au prix d'un accroissement de l'influence française sur le continent. Mais le moyen de l'empêcher de grandir n'étant pas encore découvert, la Grande-Bretagne se résignera bon gré mal gré à demeurer spectatrice de la lutte. En tout état de choses, le Foreing-Office ne pourrait faire obstacle à la politique qui irait résolument, achevant l'œuvre de la campagne de Crimée, refouler la Russie dans ses frontières naturelles.

VI

Est-ce à dire que la France va faire la guerre absolument seule ? — Non, si elle veut des alliés, elle en trouvera près d'elle ; d'abord en Italie, où une armée de cent mille hommes bien disciplinés et bien commandés n'attend qu'un signal pour marcher avec nous au secours de la Pologne. Il y aurait aussi la Suède, qui ne serait pas fâchée, chemin faisant, de reprendre à la Russie l'Esthonie et une partie de la Livonie. On le voit, la France ne tarderait point à grouper autour d'elle les petites puissances, trop fréquemment sacrifiées aux exigences des grandes. Qui sait même si de cette guerre libératrice, entreprise pour sauver une nation digne de vivre, ne sortirait pas une solution favorable à tous les peuples opprimés ? « C'est
« le bonheur et la gloire de la France que les intérêts de sa
« politique soient conformes aux desseins de la Providence ;
« pour maintenir son rang en Europe, il lui faut soutenir la
« cause des nationalités et lutter contre les empires ; presque
« toujours seule au combat, elle en a déjà abattu de bien
« puissants, elle doit achever sa tâche ; et il n'est pas nécessaire de réfléchir bien longuement pour comprendre l'intérêt
« qu'elle peut avoir à ce qu'un État indépendant, la Pologne,
« sans aucune solidarité avec les puissances voisines et toujours
« prêt à mettre sur pied une armée brave et nombreuse, se

« trouve porté là comme une sentinelle vigilante entre la
« Russie, la Prusse et l'Autriche. La reconnaissance du peu-
« ple polonais ne nous fera jamais défaut, c'est le seul peut-
« être dont on puisse en dire autant. » Qui parle ce ferme
langage? — Un révolutionnaire prêt à mettre le feu aux quatre
coins du monde? — Non. C'est M. le marquis de Noailles, qui
a une connaissance approfondie de l'histoire de la Pologne.
Comme lui, nous pensons que la dignité bien entendue de
notre pays exige qu'il obtienne par la force ce qu'il n'a pu
acquérir avec l'ascendant moral de la justice de sa cause.
L'intérêt de la France, nous venons de le démontrer, veut
qu'elle arrête la marche envahissante d'une puissance hétéro-
gène, opposée de sa nature aux progrès de la civilisation actuelle. Autrement, la liberté, déjà si restreinte chez nous,
serait détruite bientôt dans toute l'Europe. La Russie, qu'on
y songe, n'a pas atteint l'apogée de sa force; mais, dès
qu'elle pourra, grâce aux chemins de fer qu'elle fait cons-
truire, jeter d'une extrémité à l'autre de son vaste empire des
armées de cinq cent mille hommes, il ne se manifestera plus,
si l'on n'y prend garde, une opinion indépendante en Occident
qui ne soit sous le coup de ses défiances armées. Cette pers-
pective est digne d'attention. Il y va de nos plus chers intérêts.
A la suite des soldats du Czar, les coalitions de l'absolutisme
se reformeraient; car l'absolutisme ne pardonne à la France
nouvelle ni son origine, ni ses tendances révolutionnaires.

VII

En face de ce péril réel, qu'est-il sage de faire? — Une seule
chose : la guerre. N'avons-nous pas au Mexique une excel-

lente armée qu'on couvre de fleurs et d'arcs de triomphe. C'est
le moment de la faire partir ; sinon, nous dépenserons un mil-
liard et nous aurons, avant deux ans, les États-Unis d'Amé
rique sur les bras. L'armée du maréchal Forey, embarquée à la
Vera-Cruz et venant opérer une descente sur les côtes de la
Baltique, trouverait une nation tout entière debout, prête à
écraser jusqu'au dernier régiment de la Russie. Quelle marche
triomphale serait celle de nos soldats jusqu'à Varsovie, et quelle
belle revanche on prendrait là des désastres de 1812 ! Nous
ferions ainsi de dignes funérailles aux Français ensevelis sous
les neiges et la glace de la Bérésina.

Qu'est-ce que le gouvernement attend ? N'est-ce pas l'heure
de réaliser le vœu *du rétablissement d'une Pologne indépendante, devenant la clef de voûte de l'équilibre européen* ? (Ex-
trait du *Mémorial de Sainte-Hélène.*)

Au surplus, alors même que nous n'aurions pas ces considérations importantes à faire valoir en faveur de la cause polonaise, nous dirions encore aux hommes politiques qui cherchent
à énerver l'action de la France, qu'il est trop tard pour qu'elle
en reste à cette *protection* dérisoire, inventée par la peur et
morte en naissant sous le poids du ridicule. Assez de secrets
diplomatiques comme cela, assez de lenteurs imprévues ou cal-
culées, assez de combinaisons avortées, ayant en vue la paix
du monde. Si la France veut sérieusement arriver à la fonder
solide et honorable, il faut d'abord qu'elle commence à faire la
guerre à la Russie. Ne perdons pas de vue que, dans ce grand
mouvement de l'insurrection polonaise, il y a une tendance du
génie slave à venir participer à la vie de l'Occident. Nous devons favoriser par tous nos efforts, ce rapprochement utile aux
progrès de la vie et de la science modernes. C'est à la Russie
repliée sur elle-même, à chercher plus tard dans son sein, si
elle le veut, les éléments nouveaux au moyen desquels elle
pourra se transformer, et devenir à son tour, de puissance

persécutrice, puissance civilisatrice. L'Asie lui offre un assez vaste champ d'études.

Puisque le gouvernement du czar n'a pas compris ou n'a pas voulu comprendre nos avertissements, nos conseils, il faut qu'il reçoive la leçon, et qu'elle soit prompte, éclatante, terrible. On l'a dit : « La Pologne n'est qu'un instrument, une « occasion providentielle. L'unité européenne a été brisée par « le Czarisme, il s'agit de la rétablir. » Tant pis pour les esprits frivoles qui ne sondent pas les profondeurs de la question.

Aujourd'hui, avouons-le, écrivait dernièrement un savant historien (1), « il n'y a plus à s'en dédire, nous avons pactisé « de la façon la plus flagrante avec *les passions insurrection-* « *nelles*, nous les avons encouragées, nous avons plaidé leur « cause, nous avons fait valoir leurs arguments, et les notes « du cabinet français pourraient au besoin leur servir d'apo- « logie. Nous avons passé neuf mois à rédiger ces pièces « éloquentes, sans avoir réussi à les rendre persuasives. « Trouve-t-on que nous n'ayons pas encore assez donné aux « belles phrases? N'est-ce point assez de rhétorique de la part « d'hommes d'État qui affichent tant de dédain pour les gou- « vernements de parole? Il est temps pour l'honneur de notre « pays qu'on en vienne enfin à une politique plus énergique « et plus nette. »

Oui, en effet, il est temps, et grand temps, que la diplomatie aux abois essuie ses plumes et qu'elle renonce aux inspirations pacifiques sans cesse repoussées. Il faut que la France passe des dépêches vaines aux canons rayés. Ce qui le prouve, c'est le mot suivant du général Mourawieff, disant aux officiers de son état-major après le sac des palais du comte André Zamoyski : « Messieurs, apprêtez-vous à vous attendrir, les journalistes « et les diplomates vont faire des phrases ; moi, je ne crois

(1) Lanfrey.

« qu'à l'éloquence des coups de fusil. » — Eh bien ! ne serait-
ce pas le moment de fortifier la foi brutale de ce lieutenant du
Czar ? Il ne manque pas en France d'interprètes exercés de
ce genre d'éloquence. Ils ont parlé assez bien aux Russes à
l'Alma, à Traktir, à Sébastopol, pour qu'on leur confie en toute
sécurité la mission de satisfaire les goûts du bourreau des
Polonais.

Ne nous exposons pas, en retardant l'heure de la réparation,
à ce que l'empereur Alexandre II réponde à nos agents diplomatiques ce que son père, l'empereur Nicolas, repondait à lord
Palmerston : « Vous avez trop parlé de la Pologne, Mylord,
j'espère que cette fois-ci sera la dernière fois ! » Le vieux ministre anglais, dit-on, secoua la tête et fit la sourde oreille.
Nous avons, Dieu merci, en France, le tympan plus délicat.
Aussi espérons-nous fermement que la question Polonaise,
portée devant les Chambres, sera résolue par la guerre. Après
le désarroi diplomatique, ce doit être là, il nous semble, le vœu
de tout homme de sens et de cœur qui rattache au Drapeau
glorieux de la France le prestige des grandes traditions d'honneur, de dévouement et de justice.

Ce sera la seconde fois, depuis la guerre d'Italie, que nos
vaillantes armées iront combattre pour la liberté. Ce nom porte
bonheur à ceux qui le respectent et le servent sincèrement
Jamais d'ailleurs la France n'aura défendu une plus juste
cause.

 FIN. 

Paris.—Imprimerie de L. Tinterlin et Cⁱᵉ, rue Neuve-des-Bons-Enfants, 3